AF389663

UN DOCUMENT

SUR L'IMPUISSANCE D'AIMER

Je prépare, =

Feuilles pour La

Fiançée

~~~~~~~~~~~~

Il a été tiré de

UN DOCUMENT SUR L'IMPUISSANCE D'AIMER

5 exempl. sur japon ancien.

5 exempl. sur chine.

300 exempl. sur hollande.

Les exemplaires sur japon et sur chine contiennent 3 épreuves du frontispice.

N° 141
~~~~~~~~~~~~

Jean de TINAN

Frontispice de Félicien ROPS

un document
sur l'impuissance

PARIS

11, RUE DE LA CHAUSSÉE-D'ANTIN, 11

1894

—

mf   Andante
Q . ros
. ros ! ... prends pi .. tié de nous ! ...
più f
ros ! ... Q . ros ! ... prends pi . tié de nous ! ...
più f
dim . poco rall . ...
p poco rall . ...
(Hymne à Eros)
Augusta Holmès

ENVOI

Vous m'avez demandé — Madame —
d'écrire pour vous.

Vous pensez sans doute que je vais
vous dire les âmes subtiles des petites
Princesses de Rêve : des petites Princesses
dont je vous entretins si souvent pendant
les longues soirées des anciens hivers.
Je lisais leurs aventures aux arabesques
*   des flammes,*
Mais je ne sais plus lire dans les flammes !

J'aurais voulu — Madame — vous ex-

*pliquer les mélancoliques et éblouissants
symboles des religions oubliées : de ces
religions que vous deviniez un peu parfois, tandis que j'essayais de les comprendre.*

Mais ces symboles... Madame —...
*Vous me comprendriez mal, peut-être
—je dirai ces choses à d'autres.*

*Fallait-il — Madame — chanter mon
amour pour vous? des phrases passion-
nées !*

*Mais je ne suis pas très sûr de vous
avoir jamais aimée — et j'ai préféré ne
pas toucher à ces choses mortes.*

*Je chanterai l'Amour plus tard — je
chanterai pour la* FIANCÉE.

Et vous n'êtes pas celle-là, Madame,
*Et ces chansons ELLE seule les en-
tendra.*

Vous m'avez demandé d'écrire pour vous.

Je vais vous parler un peu des jeunes filles et des jeunes gens. —
Le décousu de leurs sentiments factices.
Ah ! l'insignifiance de tout cela.
Souhaitez-moi que vienne la FIANCÉE, Madame.

Je vous baise les mains.

Déclaration :

Je parlais un soir chez Marcel de cette « impuissance d'aimer » dont tant de nous ont souffert qui ne sont pas loin de leurs vingt ans.

Je disais sans doute de très belles choses.

Marcel se leva, ouvrit un tiroir, et parmi plusieurs liasses en choisit une sur laquelle je lus :

FERNANDE.

Vallauris, janvier 18...

Puis il lut.

Quand il eut terminé : « N'est-ce pas

que c'est assez cela, » me dit-il avec son cher sourire triste et ennuyé.

Il alluma une cigarette.

« Sans doute, reprit-il, tout cela est un peu confus ; mais toi qui as passé par là, je pense, ne trouves-tu pas que le *décousu* est vraiment caractéristique de ces crises — oh ! insignifiantes — mais qui nous énervent tant à un moment de vie où nous aurions besoin de toute notre volonté pour prendre conscience de nous-mêmes.

Oh ! ces mois passés à prendre son élan pour ne jamais sauter !........ »

Marcel souriait un peu nerveusement ....
....

— M'autoriseras-tu à utiliser cela? demandai-je.

— Oh ! tu sais..... tout ce que je

puis dire, c'est que je ne te le défends
pas. . . . .
. . . .

Ces pages sont de celles que Marcel
me lut ce soir-là.

Elles se composent en majeure partie
de fragments d'un journal hâtivement
rédigé.

Quelques pages plus soignées, et ne
faisant pas partie de ce journal, ont
sans doute quelques prétentions litté-
raires.

Beaucoup de ces dernières ont été
supprimées : elles présentaient comme
exceptionnelles des sensations par trop
connues ; chacun pourra les reconstituer
en consultant ses souvenirs. On en a

conservé juste ce qu'il fallait pour maintenir un peu l'homogénéité de ce document dont l'intérêt, je pense, est d'être à peu près sincère.

La Liasse.

« **AIMER** — c'est préférer autrui à soi-
même. »

*Il avait probablement fait sa connais-
sance quelques jours avant d'écrire les
lignes qui suivent : rien du coup de
foudre, seulement rappel de douces impressions anciennes.*

*Elle lui avait plu ; mais ce soir-là pour
la première fois il avait pensé qu'il serait
peut-être doux de l'aimer un peu — très
peu.*

§. — (Que me sert de contempler
l'impossible de sa beauté.)

Ce soir-là...

Vous portiez une de ces légères

et idéales robes de mousseline où s'enveloppent si bien les rêves un peu tristes et de longtemps caressés.

Vous portiez une de ces légères et idéales robes de mousseline ; sous ses plis je croyais deviner vos frêles lignes subtiles — les frêles lignes subtiles que j'espère.

(Mais que me sert de contempler l'impossible de sa beauté.)

Longtemps,

J'ai reposé mes regards fatigués aux modelés délicieux de votre gorge un peu découverte.

Il m'a semblé voir de l'azur, — le cher azur des cieux pâles que j'aime, — à travers une très vieille et très admirable dentelle des temps passés, — une de ces adorables dentelles aux tons mats d'ivoire pâli :

Votre sang bleu chantait sous la fraîcheur de votre peau.

(Ah ! j'ai tort de contempler l'impossible de sa beauté.)

J'aurais voulu

Noyer mon âme dans votre tiède chevelure et demeurer ainsi très longtemps, écoutant battre vos paupières.

Je sentais gémir dans mon cœur toute l'angoisse des rêves très beaux qui ne fleuriront jamais.

Oh ! l'extase d'or de votre chevelure !

(Mais c'est folie de contempler l'impossible de sa beauté.)

Mercredi.

Ce soir, en revenant avec T., je lui ai demandé ce qu'il pensait d'elle.

— Elle est gentille.

— Oh ! mieux que cela.

— Si tu veux. Mais tu sais, les jeunes filles, cela ne me dit rien de rien, cela semble intelligent, charmant, on s'emballe, puis un jour on s'aperçoit que l'imagination a fait tous les frais et l'on se trouve en face d'une grue qui vous démolit en deux mots un édifice tendrement élevé.

— Crois-tu que pour les femmes la différence soit très sensible ?

— Certes, très cher ! D'abord on peut y aller franchement, elles savent à quoi s'en tenir, tandis qu'avec les autres, même n'en ignorant rien, les conve-

nances exigent de dissimuler un peu.
C'est à qui des deux trompera l'autre.

— C'est vrai, mais je ne déteste pas —
une fois de temps en temps. Cela res-
semble au Poker.

— Ce qui me navre, c'est de penser
qu'il faudra peut-être un jour faire un
choix là-dedans. Penser que l'ange de
mon foyer aura eu la main pressée cent
fois et aura été goûtée par plusieurs
paires de moustaches, cela n'a rien
d'emballant.

— Bah! tu trouveras une exception
— l'exception, elle t'est bien due.

— Oh! j'y crois à l'exception — en
tant que possible ; le tout est de la dé-
nicher — en tant qu'elle niche ; seulement ce qui me la gâtera toujours et à
toi aussi, ce sera de n'y pas croire.

Vendredi.

L'OBJET.

Ce mot m'enchante : c'est tellement CELA, tellement cela que je cherche, que je me crée un dérivatif pour pléthore sentimentale. D'ailleurs il y a évidemment quelque chose de charmant : les frôlements des doigts et les joies des yeux — les allusions et les sourires. (Je n'ose m'avouer que mon plaisir est un peu gâté par une peur constante que cela ne devienne sérieux — j'espère que par l'exercice j'acquerrerai plus de confiance en moi.)

Quel mot écrire pour résumer tout cela : FLIRT ne serait-il pas bien ? Mais je n'aime pas ce mot, il manque de langueur, il est trop SHAKE-HAND.

J'ai lu cette phrase quelque part :

« Respirer cent roses n'est-il pas plus
doux que d'en effeuiller une ! »

Cette métaphore est un peu bien ly-
rique.

Il y a au début de cela quelque chose
d'imprévu qui est exquis :

Un fouillis d'émotions si contradictoires et, par leur rencontre, des sensations si subtiles.

Elle m'a demandé : « Dites-moi des
vers, j'aime bien votre voix. » — Pourquoi ai-je choisi :

« Le vierge, le vivace et le bel d'aujourd'hui,
« Va-t-il nous déchirer avec un coup d'aile ivre
« Ce lac dur oublié...... »

Pauvre chère, elle écouta bien sage-

ment et se risqua à murmurer : « C'est
un peu obscur. » Puis : « Mais quelle
jolie musique ! » Et ceci m'a été dit
comme si elle craignait de m'avoir fait
de la peine.

J'ai pensé depuis qu'elle avait peut-
être cru ces vers de moi.

Si elle venait à m'aimer quelle serait
ma responsabilité ?

Sans doute je cherche à lui plaire —
mais je cherche aussi à plaire au chat
de Madame L., qui est un très beau chat.

D'ailleurs elle aussi cherche évidemment à plaire : se croirait-elle pour cela

engagée envers moi si j'en devenais
ÉPERDUMENT AMOUREUX ?

Evidemment non.

Alors ?

Vraiment — il me semble du moins
— c'est une assez jolie attitude dans la
vie que de regarder ainsi en souriant.

Regarder — sourire — consoler peut-
être — se créer des sentiments délicats
parce que nous sommes trop nerveux
pour supporter les brutalités. Oh ! les
pessimismes outrés :

« Les femmes ont les cheveux longs et les idées
   courtes. »
                              Schopenhauer.

Nous voulons des formules plus
douces et plus chantantes.

Rêvons de beaux rêves, ébauchons-
les... mais il est trop difficile de les
vivre.

Dimanche.

Oh ! des vibrations exquises. Seulement ne serait-il pas impossible de les écrire ?

De la musique ? — Mais je ne sais.

Je la regardais,
Je la regardais,
Et je pensais,
Et je pensais
Que je ne savais ce qu'elle pensait.
Je regardais,
Je regardais,
N'est-ce pas triste à faire pleurer ?
Je regardais,
Elle souriait,
Je ne savais ce qu'elle pensait.
Elle souriait
Et je pensais,
N'est-ce pas triste à faire pleurer ?

Ceci avait la prétention d'être la trans-
position d'une impression musicale
très délicate et très intense ressentie
tandis qu'elle était au piano. — Ah! ne
pouvoir trouver exactement les mots
pour exprimer — et puis les pensées
elles-mêmes sont-elles si claires !

Lundi

J'ai beaucoup de peine — mais que
sert de dire tout cela ?

Oh! jamais je n'ai si bien senti combien nous sommes petits, faibles, insi-
gnifiants, combien nous avons peu d'im-
portance.

Je le dis très simplement, je ne veux
plus aimer les mots. Nous sommes dupes

des mots comme de toutes choses —
comme nous sommes dupes de nous-
mêmes.

Nous nous rendons ridicules, et voilà
tout, parce que nous ne savons pas dire
ce que nous pensons — parce que nous ne
savons pas dégager ce qui est en nous,
car alors ils seraient tous à nos pieds.

J'ai beaucoup pleuré.

Si je ne m'étais pas promis..... je
brûlerais tous ces papiers et au lieu
d'écrire ces lignes je sangloterais et je
prierais — j'ai tant de sanglots qui
m'étouffent !

Mais pourquoi est-ce qu'aujourd'hui
je comprends si bien la duperie de tout ?
Pourquoi?

Je voudrais croire que Dieu m'aime
et qu'il m'avertit; mais je ne puis plus
croire cela.

Elle a cependant été avec moi ce qu'elle est toujours, hélas ! — charmante — insignifiante — désolante — et pourtant parfois il me semble... — mais je n'ose pas — je n'ose pas.

Pourquoi suis-je devenu soudain si effroyablement triste — pourquoi me suis-je senti si terriblement seul ? — Je me suis sauvé pour ne pas crier.

Seul — seul — seul. Je me sentais si terriblement seul[1].

Mon Dieu, comme *j'aimerais à aimer !* Je sens tant d'affection dans mon cœur que jamais je ne saurai dédier.

---

[1] Curieuses ces réactions des nerfs trop longtemps dominés, des sentimentalités qui ne veulent plus se laisser vaincre par la volonté.

Je me représente toujours cela comme une simple action physiologique dont on doit parvenir à triompher à la longue.

Alors ce serait le dessèchement ? — Peut-être.

Il dort en moi tant de subtiles caresses et de lents baisers.

Ah ! si venant timide un jour — m'a-
vançant timidement j'étais repoussé —
je crois que je souffrirais infiniment.

J'aimerais à aimer — mais si je me
trompais je serais peut-être froissé pour
toujours.

Et pourquoi m'aimerait-on ? Ce qui
pourrait me faire aimer est cela seulement que je ne sais pas dire.

On m'aimerait si on savait !

Je comprends quelle angoisse ce doit
être quand l'âme qu'on veut se dérobe
devant la vôtre.

Je ne connais pas cette angoisse, mais
je la pressens, je sais que j'en souffrirai.

Comme j'en souffrirai !

C'est sottise d'essayer de fixer ce que
l'on sent à peine soi-même. On écrit
des mots enfantins, des phrases es-
soufflées où l'on ne peut même plus retrouver le lendemain le rythme d'âme
qui vous les a fait écrire.

Mais nous écrivons comme nous
pleurons, parce que cela nous soulage de
pleurer — parce que cela nous soulage
d'écrire.

Mardi.

Ce qu'il y a de très exquis dans tout cela, c'est quand on se figure se moquer de vous.

Il y a vraiment là quelque chose de très délicat = pas de susceptibilité à avoir — on se sait engagé si peu avec l'air de l'être beaucoup.

il y aurait quelque chose à faire :

après s'être savamment rendu ridicule (à son point de vue, car il est désolant de voir combien elles se rendent peu compte de ce ridicule — on dirait qu'elles aiment cela), après avoir semblé sérieusement *pris*, jeter un sonore éclat de rire et conter d'un ton calme quel jeu on vient de jouer.

L'intérêt serait :

Examiner avec quel soin serait dissimulé l'*inévitable* dépit.

Quelque chose d'intéressant serait aussi : si quelqu'un , remarquant un manège que je ne me donne d'ailleurs aucunement la peine de dissimuler, avait l'idée de s'en documenter.

Je serais curieux de savoir quelles erreurs il commettrait, car il me semble presque impossible qu'il devine ce que j'agis.

Il considérerait probablement cela comme un simple cas d'amour moyen de mon côté, et pour le moment à peu près nul de l'autre.

Il serait excusable — puisqu'il y a des moments où je le crois moi-même.

En effet :

d'abord je suis *reconnaissant* pour ce que je comprends qu'elle se laisserait

un peu aimer par moi si je voulais.
— Ne pense-t-elle pas sans doute qu'il
en est ainsi ?

De plus — au cas actuel — j'ai beaucoup d'*admiration* : elle se trouve avoir
une beauté qui me plaît infiniment en
certains points : cheveux merveilleux —
formes frêles.

Bien entendu, je ne songe pas ... Ce
n'est pas que je juge cela impossible ;
mais mon actuelle éthique me l'inter-
dirait sans doute.

Tout cela complique — et, si vous le
voulez bien, nous dirons que nous
avons à faire à un « *phénomène passion-
nel sans intensité excessive compliqué
par l'interférence de nombreuses causes
sociales.* »

Jeudi

*« Immer einmal Eins — das giebt auf
die Dauer zwei! — Ich und Mich sind
immer eifrig im Gespräche. »*

Nietzche.

Je voudrais y voir un peu clair : je
trouve :

α). — Un naïf et sincère *désir d'aimer*
(non pas de l'amour, mais un désir
d'aimer).

De ce côté le dilettantisme est fort
malmené et je me récite à moi-même
des tirades d'Edouard Rod.

Alors le charme des choses — l'action des ambiances sur les nerfs — les

frôlements des mains et des regards,
avec parfois cette question posée : « Ah !
ça — est-ce que par hasard j'aimerais
réellement ? »

β). — *Un* qui regarde, et qui, quoi
qu'en dise l'*autre*[1], est absolument con-
vaincu qu'il ne se livre là qu'à des
expériences.... de médiocre intérêt
d'ailleurs.

Celui-là jouit tranquillement du
charme des poses — des douceurs des
teintes — de la fraîcheur des mains.
— L'*un* tendrait être bêtement sentimental — mais l'*autre* est esthète et
peut-être un peu métaphysicien, il
trouve une grande joie se livrant à cet

----

[1] Malheureusement c'est trop souvent l'*autre*
qui écrit, du moins pendant les premiers jours :
c'est pourquoi ces notes manquent d'équilibre.

exercice subtil de vêtir des idées de formes plaisantes rencontrées.

Mon Dieu, je sais bien que vous allez dire que cet état d'âme est banal, archi-connu et ressassé — qu'il est amoureux comme tout le monde, seulement qu'il est poseur par dessus le marché.

Mais c'est justement cela qu'il ne comprend pas.

Il n'est pas passionné, pas du tout, puisque ce sont ces parties de lui que nous avons appelées l'esthète et le logicien qui conduisent tout — puisque le pauvre sentimental n'est que leur ins-trument, et que le vrai plaisir *cherché* est :

« Se servir de formes aimables pour en revêtir des idées. »

Et cependant il y a des symptômes : d'abord cette rage de faire des vers — et surtout — ceci est très grave — des moments d'*absence* où esthète, logicien, métaphysicien, tous les gens raisonnables, semblent s'être endormis. De ces absences il fera bien de se méfier.

Au soir.

Oh ! la sécheresse ! Mais je pense qu'il est moins insensible qu'il ne le croit ou ne veut le croire.

Ce qui donne l'aspect de sécheresse, c'est cette affectation de vouloir toujours sembler analyser et raisonner ses moindres actes.

Jadis l'amour était aveugle, nous dit-on. Je crois qu'il était seulement excessivement myope : pour voir il lui fallait être près — ah ! plus que près !

Il a voulu profiter des progrès de la science : aujourd'hui il porte un lorgnon ; seulement il a choisi un numéro un peu fort — et il ne voit pas très bien — pour avoir voulu trop bien voir.

Ayant jugé qu'il serait bon de refaire par moi-même quelques expériences de menu-amour — ou mieux disons de flirt — je m'en suis occupé malgré l'ennui que j'en pouvais avoir.

Je voudrais en rappeler quelques-unes. Cela semblera insignifiant, mais JE pourrai y retrouver peut-être les impressions subtiles et indicibles que je cherchais : ce sera comme un nœud à un mouchoir.

§. — de la musique ;
Puis sortant du salon (très bas) :

— Que vous êtes jolie ! (silence prolongé)

— On vous verra ce soir ? (elle lui tend la main, il la retient entre les

siennes) — alors très bas et très doucement) :

— Oh ! permettez ! — (et lentement il
porte la mignonne petite main à ses
lèvres, pour un long mais très peu
accentué baiser).

Quand elle est au piano — se pencher
lentement jusqu'à effleurer les cheveux
de ses lèvres. Oh ! effleurer seulement,
qu'elle puisse presque douter — se demander si ce n'est pas involontaire —
et demeurer ainsi, respirant les parfums
de ces cheveux merveilleux, en un geste
si peu accentué qu'elle n'ait pas le droit
de s'en offenser.

Ecouter ainsi les sanglots embrumés
de Grieg !

Oh ma tête sur son épaule ! mais

toujours des mouvements très lents
et très calculés, pour qu'ils semblent
les effets d'une adoration respectueuse.

Il faudrait :

Ne jamais prononcer un seul mot d'a-
mour ; il demeurerait ainsi entre eux
quelque chose d'imprécis et de très
doux : la joie de sentir qu'il y aurait
encore une marche à gravir — une
marche, trois peut-être, car au-delà il
faudrait s'arrêter.

Symbolique : Dans une brume mauve,

Chacun de côtés différents de la
haie fleurie,

Accoudés,

ils regardent au fond des yeux
aimés,

Ils laissent parfois leurs mains s'en-
trelacer.

etc.,

Vendredi.

Ce qui montre très bien que le vrai amour est pour fort peu de chose dans cette impression que je ressens près d'elle, c'est que les *imperfections* (je voudrais un mot plus doux) ne disparaissent pas pour moi.

Je me souviens d'avoir eu des moments de Passion — qui ne duraient pas bien longtemps d'ailleurs — mais tant qu'ils duraient l'Elle me semblait parfaite.

N'ai-je pas écrit quelque part l'histoire d'un baiser reçu — le premier, je crois. Dans ce cas ce fut une véritable passion : un affolement de la chair.

Mais dans le cas qui nous occupe, et dans les analogues, il n'y a rien eu de semblable.

Elle se jetterait dans mes bras que je serais certes fort embarrassé ; mais si elle insistait, il est probable que je n'hésiterais pas à appliquer mes *Conclusions d'Ethique.*

Cependant le cas considéré ne peu en aucune façon être classé sous la rubrique « amitiés intellectuelles ».

Donc trois catégories :

α). — *Passion.*

ϐ). — Je dirai, faute de mieux, *sentimentalité.* Le cas qui nous occupe rentre dans cette catégorie :

.... .ἐμὸν δ'ὀλοφύρεται ἦτορ.....

en ajoutant comme caractéristique le *besoin de caresser.* — L'âme voudrait se faire comprendre, et comme les mots sont trop grossiers, elle a recours aux subtilités de la caresse.

Ce genre d'affection — qui est celui que je préfère — peut donner de grandes joies à celui qui le sait habilement manier.

L'écueil à éviter dans ce cas est de FAIRE DE LA PEINE à l'objet, car alors on peut se trouver amené à passer de cette seconde catégorie à la première contre son gré — par pure pitié et bonté d'âme — et l'on aurait alors affaire à un genre hybride (qui est celui de la majorité des cas d'amour) — genre dont il n'y aurait rien de bon à attendre.

γ) — *Amitié intellectuelle.* — Ce mode qui peut donner des sensations sereines :
Admirer ensemble,
offre dans certains cas de grands dangers. Or comme ces cas sont justement ceux où ce troisième mode est le plus à rechercher — on conviendra qu'il est bon d'y apporter beaucoup de prudence et d'habileté.

En effet :

Les cas où cette amitié intellectuelle devient vraiment exquise sont ceux où l'objet est belle, jeune, aimable.

Et alors :

Si l'on ne court pas le risque — ou peu — de tomber dans la première catégorie, parce que celle-ci s'instaurant ordinairement en coup de foudre ou à peu près, l'amitié intellectuelle n'aurait pas le temps de s'établir — on court le risque de passer à la seconde.

Il est en effet tentant, quand avec elle on se charme d'idées, de *se servir de ses formes pour vêtir ces idées*, ce qui est essentiellement caractéristique du second mode.

Or le mélange de ces deux modes est absolument insupportable — l'expérience me l'a confirmé. — Vous courez

ce danger de voir l'objet β tenter de
vous analyser ce qu'elle ressent auprès
de vous, et cela est *horrible*.

Ce troisième mode est donc très délicat à bien mener. Il est d'ailleurs fort
rare de pouvoir le réaliser de façon sa-
tisfaisante.

On oscille forcément un peu entre les
trois, mais je crois que c'est vers eux
qu'il faut tendre si on veut comme il a
été dit « Instaurer de sa vie une œuvre
d'art ».

Note. — Tout cela est trop compliqué
et j'envie vraiment les gens qui aiment
tout simplement.

Et puis — non je ne les envie pas —
d'ailleurs, j'ai vu quelque part : « Nous
avons lu trop de volumes à 7^{fr}5o pour
aimer comme tout le monde. »

Samedi.

La nuit porte conseil : je crois que décidément l'affection ne rentre dans aucune des catégories.

Ces catégories, cela m'a amusé hier — je trouve cela stupide aujourd'hui — puis j'ai très peur de me laisser *prendre* : je crois pourtant ne courir aucun danger.

Cependant, comme cette expérience donne beaucoup moins que je n'espérais, je vais essayer d'en rester là. — Oh ! essayer. Pour peu qu'il y ait quelque adhérence je n'insisterai pas.

J'entrevois pour une autre fois une façon de mener cela plus intéressante.

Je tâcherai surtout de mieux noter.
Le peu de résultats que j'ai obtenus, je
ne les ai pas fixés — ou si mal.

Je perds du temps — et les gros
in-8° que j'ai emportés ont l'air très
honteux de ne pas être coupés.

§.

Il est incontestable qu'elle est charmante. Est-ce maintenant seulement
que je vais m'en apercevoir.

Elle a surtout d'adorables trouvailles
de gestes et incite à des *méditations kal-
listiques* exquises.

C'est justement là ce qui m'avait
tenté : me servir de ces attitudes ryth-
miques, de la fraîcheur de mouvement qui se dégage, pour illustrer des
méditations sur le beau — mais je ne
puis réaliser cela.

Il y a *interférence* de causes qui com-
pliquent trop pour que je me sente le
courage d'analyser.

C'était un beau rêve cependant. Ces
quelques instants d'imparfaite réalisa-
tion ont été vraiment d'une émotion
très délicate. Seulement il faudrait la
durée.

Oh ! je voudrais savoir ce qu'elle pense,
ne serait-ce qu'un instant :

Je voudrais savoir si elle a conscience
de l'harmonie de ses lignes — et alors,
si elle en a conscience, comment pour-
rait-elle m'aimer sans trouver l'équi-
valence ?

Admettons qu'il y ait une harmonie
très pure aux rythmes de ma pensée —
c'est contestable d'abord — puis en ad-
mettant, comme elle ne connaît pas ma

pensée... (heureusement !)...

J'ai la passion de la ligne — jusqu'à
la dépravation, je crois.

Je sais un toit qui véritablement me
passionne.

Et quand les lignes vivent : quand on
sent vibrer la jeunesse dans les contours
— comment ne serait-on pas ému ?

La peau des femmes est parfois la
plus admirable *matière* qu'il soit donné
de contempler ; mais cette volupté-là
n'est pas aussi vraie : il est rare de
pouvoir admirer une gorge d'une *abso-
lue* perfection de ton.

Tandis que les lignes — *quand elles
sont belles — sont parfaites, parce qu'elles
ne sont pas en elles-mêmes mais en nous.*

Ah je ne m'exprime pas bien :

Je veux dire que la ligne a quelque chose d'irréel que n'a pas la couleur — il y a *plus d'âme*.

J'aime le dessin plus que le tableau.

Je sais des marbres que je voudrais étreindre, le désir n'est pas gêné : on peut le croire plus pur.

La musique seule donne parfois une sensation d'âme plus aiguë encore.

J'entrevois-là quelque chose que je voudrais analyser mieux :

Cette passion de la ligne.

Cet éloignement pour la couleur.

Je pourrais peut-être par là éclairer tout un côté de moi-même.

Et cependant je vibre aux demi-teintes, car dans l'œuvre d'art

la ligne peut-être parfaite,

la teinte quelquefois,

la couleur presque jamais,

Aussi chez Vinci lui-même j'aime les dessins davantage. Il est vrai que ses dessins ont en plus des charmes de coloration.

Il en est de même des dessins de Lorenzo da Credi.

Et je crois que si j'aime certaines fresques des primitifs, malgré tant de choses qui devraient m'y déplaire, c'est parce qu'ils sont effacés.

La couleur n'est plus.

Il ne reste que la ligne et la teinte.

C'est là encore qu'il me faudrait chercher la raison de la grande impression que me fait parfois Puvis de Chavannes :

« Sa sainte Geneviève enfant en prières au Panthéon de Paris. »

La volupté de la ligne — ce mouvement d'épaules remontées dans l'élan d'une âme s'offrant tout entière.

Il n'y a pas de couleur, seulement des
teintes : c'est exquis !

Au soir.

J'espère que cela va se terminer ;
cela m'agace prodigieusement. — Et
comme il est impossible d'arriver à un
dénouement, je ne vois pas trop comment en sortir.

J'eus tort de m'engager là-dedans sans
avoir sous la main un *dérivatif.*

Maintenant cela risque de durer in-
définiment. Jusqu'ici c'est bien, mais
si cela allait manquer de variété, ou
mieux si j'allais manquer d'imagination.

Il y a tant de charme cependant.

Mais je ne vois rien à tenter sans aller trop loin, et cela m'agace de tresser un canevas sans avoir rien à broder dessus. — Vous me direz que beaucoup se contentent du canevas.

Moi pas.

Tout cela me rend d'une humeur exécrable; heureusement je crois que cela ne se voit pas trop.

Et puis cela se verrait !

Il écrivait :

§.

Je vous parlais des philtres d'amour,
et vous vous moquiez un peu de toutes
ces croyances. Puis soudain vous m'avez
dit avec un regard étrange : Oh ! il m'a
semblé étrange, peut-être était-il per-
vers — peut-être très naïf ?

Vous m'avez dit : « Eh bien, essayons. »
Vous vous étiez levée.

Pourquoi ai-je tout à coup compris
que j'avais foi en ce que j'allais faire.

J'ai plongé mes regards dans les
vôtres — nous étions très sérieux tous
les deux.

Et j'ai posé la main sur votre cœur.

— Oh ! votre chair tiède — votre pâle chair de rêve.

J'ai posé ma main sur votre cœur, puis, résolûment, j'ai prononcé les paroles :

« Kaphe, Kasita, non Kapheta, et publica filii omnibus suis ! »

Pourquoi ai-je frissonné si étrangement ?

Pourquoi votre cœur s'est-il mis à battre effaré sous ma main ?

Pourquoi sommes-nous restés si troublés sans pouvoir trouver une parole ?

Je pensais passionnément :

« Elle m'aimera — elle m'aimera
— Oh ! la douceur de sa chair émue.
Elle m'aimera — oh ! elle m'aime ! »

Dimanche.

Nous partons pour faire une promenade dans l'Esterel. — Oh ! comme ces promenades font du bien, comme se reposent nos pauvres nerfs fatigués.

Faire une prière — seuls dans le silence des grands bois, des grands arbres
les fleurs aux noms si doux :
cystes — lentisques — gentianelles.
Quelles délicieuses rêveries !

Au soir.

Oh ! pour ce qui est d'avoir de la chance :

Il a plu tout le temps !

Il est vrai qu'elle a été charmante — ne l'est-elle pas toujours ? — mais je n'étais pas d'humeur à y trouver du plaisir.

J'ai une idée :

Je veux essayer d'une *explication*. Oh ! sans rien laisser au hasard — ce sera peut-être intéressant :

— Vous avez sans doute remarqué

que vous avez fait sur moi une impres·
sion assez profonde ?

— . . . . .

— Vous m'avez — je ne dirai pas
encouragé — mais vous avez laissé —
ah ! peut-être ne vous êtes-vous aperçue
de rien (je n'en crois pas un mot) —
vous avez laissé s'établir entre nous une
… quel mot employer ?… une sorte
d'intimité.

Cette intimité, qui certes n'est rien
pour vous, est beaucoup pour moi :
je lui dois des moments subtils et
exquis (ici une pause). (Vite et comme
incidemment) — Peut-être avez-vous
pensé un instant à vous jouer de moi ?
— Je ne veux pas le croire (appuyé)
pour vous. — Si cela était d'ailleurs je
ne vous en voudrais en aucune façon
— cela est si naturel.

J'ai donc, dis-je, ressenti grâce à vous quelques émotions charmantes. — Je vous en remercie beaucoup.

Seulement je veux vous demander un conseil : que dois-je faire maintenant ?...

Laissez-moi parler.

Je vous demande votre avis.

Si cet avis est que de tout cela il ne doit résulter pour moi que de la peine.....

Je vous demanderai de m'aider à rompre doucement cette intimité qui me restera un souvenir très cher pour les rêves qu'elle m'a donnés.

Vous voyez que je parle très simplement : Je ne vous dis pas : « Je vous aime. » C'est un mot dangereux.

Je ne fais pas cette sottise de vous demander si vous m'aimez. — Je sais bien que cela est impossible.

Je vous demande un conseil : « Me le donnerez-vous ? »

Ne sera-t-il pas intéressant de voir ce
qu'elle me répondra ? — Et puis ce
conseil, après tout, sera peut-être le
bon.

Quels cas peuvent se présenter :

α). — Qu'elle me réponde de si charmante façon que j'en devienne amoureux
vraiment.

J'y consens volontiers.

ε) — Qu'elle me réponde : « Je vous
aime ! » (invraisemblable).

γ). — Qu'elle se fâche — mais je crois
que ma petite allocution sera dite de
telle sorte que je n'aurai pas cela à re-
douter. — Et puis après tout ce serait
encore une solution.

Seulement, pour bien faire, il faudrait
que cela fût dit demain matin. Cela
ne sera pas possible.

D'autre part attendre à mardi matin
c'est bien tard ; enfin je verrai suivant
l'occasion.

Lundi.

J'ai peut-être tort de faire cela. Cependant je me le suis promis — et cela
m'intéresse. — J'avais assez de tout
cela hier, j'y ai repris goût aujourd'hui.

Je suis resté très longtemps la tête
sur son épaule, serré contre elle, tandis
qu'au piano devant nous M^{me}L... jouait
des ballades de Chopin.

J'étais si bien ainsi : j'ai eu un peu
de bonheur.

Et je vais briser tout cela peut-être ,

légèrement, de gaîté de cœur ; c'est de tristesse de cœur qu'il faudrait dire.

Je crois que ce que je ne peux pas supporter est *de ne pas savoir ce qu'elle pense.*

Ils sont heureux ceux qui se disent simplement : « Je l'aime — elle m'aime — nous aimons. »

Je ne peux pas admettre qu'elle m'aime, et cependant — suivant une charmante expression — « elle est jolie avec moi ! »

Pourquoi? Je ne peux plus supporter ce?—Toutes mes suppositions sont plus impossibles les unes que les autres. — « Ah ! je suis moins loin des grands secrets de l'autre monde que du plus petit secret de ses yeux[1]. »

[1] Maeterlinck.

Je ne peux pas admettre que quand
elle reste une demi-heure serrée contre
moi — ma tête sur son épaule — mon
haleine dans ses cheveux — sa main
dans la mienne — je ne peux pas
admettre qu'elle ne s'aperçoive de rien.
D'ailleurs elle essaye encore parfois
de me retirer sa main lorsque je veux
la porter à mes lèvres.

Puis deux fois elle m'a demandé,
gênée sans doute par mes regards : « Mais
enfin que voulez-vous ? »

Je n'ai rien répondu : *je ne sais pas
ce que je veux.*

Tout à l'heure, en prenant congé
d'elle, j'ai cherché ses yeux ; et comme
ils étaient cachés sous la dentelle tom-
bante de son chapeau, je me suis age-
nouillé pour les voir.

Je l'ai regardée longtemps en souriant

de mon mieux. Je lui ai tendu la main,
elle y a mis la sienne — et tout cela
s'est fait *autrement* que s'il n'y avait
rien entre nous.

Mais alors quoi?

Il écrivait :

§

Ce soir, sur la terrasse, elle m'a demandé de lui dire une histoire.

Pourquoi ai-je pensé au Mythe d'Ennoia ?

Il me semblait que j'étais très disposé à le dire.

J'ai parlé très doucement :

« Les anges avaient retenu Ennoia pour l'empêcher de remonter vers le Père — ils la maltraitèrent et l'outragèrent, puis ils l'enfermèrent dans un corps de femme.

Alors pendant les siècles elle passa de forme en forme.

Elle fut Helené l'Argienne pour qui les héros combattirent autour des nefs. De déchéance en déchéance elle en vint à souffrir dans le corps d'une prostituée.

L'Eon divin souffre dans le corps d'une prostituée — mais il viendra le Sauveur, il viendra « Simon la grande vertu de Dieu », il verra Ennoia, il la verra qui souffre dans les lupanars — il l'aimera et il la mènera partout avec lui »

J'avais senti ma voix s'animer tandis que je passais du présent au futur. — Oh ! la pérennité des Symboles.

J'étais un peu triste.

Elle regardait très loin dans le ciel. — Peut-être avait-elle compris l'insignifiante enfant. — Peut-être Ennoia souffrait-elle en elle.

Je regardai moi aussi très loin dans le

ciel et je sentis qu'Ennoia souffrait en
moi.

Nous demeurâmes ainsi très longtemps enlacés — nous songions à nos
âmes — à nos tristes âmes qui tombent
-- hélas ! qui tombent quand elles veulent
remonter vers le Père — qui tombent
aux abîmes meurtries par les doutes.

Et nous demeurâmes très longtemps,
regardant loin dans le ciel, comme si
nous espérions qu'il allait venir — le
Sauveur — la grande vertu de Dieu —
pour aimer nos pauvres âmes prosti-
tuées, pour les consoler et les mener
partout avec lui.

Il y a une si grande douceur dans ces
vieux symboles que l'on connaît très
bien, mais que l'on aime à redire dans
le silence.

Et puis il vous reste au cœur ce sen-

timent délicat et triste, que le symbole
cache peut-être encore de très sereines
beautés que nous ne savons pas voir !

Mardi.

Pauvre chère — si charmante, si frêle, à la voix si douce — tu me seras, je le promets, un souvenir aimé.

Et quand quelque officier t'aura emmenée, quand tu n'existeras plus pour moi, je garderai très pieusement la mémoire des instants de trouble passés près de toi.

Tu auras été mon soutien, mon bonheur, à une époque de vie où j'étais très malheureux et un peu seul.

Pauvre mignonne amie aux cheveux merveilleux et à la voix douce.

Qui sait ?

Peut-être aurions-nous pu nous comprendre, et nous ne nous comprendrons jamais.

Peut-être aurions-nous pu être heureux ensemble, et nous serons heureux ou malheureux séparés.

Tout cela est triste !

Ton rire gai — tes mains fraîches.

Ce pourrait être le bonheur, la vie calme — et cette fois encore ce rêve ne peut pas être, ne sera pas — la vie calme !

Minuit.

Quelle soirée délicieuse ! — Oh ! j'ai tort de vouloir faire ce que je ferai demain.

J'ai peur de ne pas avoir le courage, que mon explication commencée ne devienne une déclaration — cette déclaration que je ne veux pas faire. — Oh ! je ne veux pas la faire.

Je suis resté longtemps penché au-
dessus d'elle avant que les autres ne
viennent. Son parfum me ravissait.

J'étais à la fois très troublé et très
lucide, car je m'étudiais à faire des
gestes lents. J'ai cru un moment que
j'allais parler.

Ce serait très simple de cesser tout
cela, mais je ne le veux pas.

Cela m'apprend à connaître quelques
rouages de *moi* que je n'avais pas vus
encore fonctionner.

J'ai seulement peur de ne pas pouvoir me contenir.

Ah ! que m'importe : je veux vivre in-
tensement !

3 heures.

Il y a des moments où je voudrais la renverser lentement — ah ! sans brutalité — coller mes lèvres aux siennes éperdûment,

Sa bouche rosâtre où sourient ses dents humides ;

Me figurer un instant qu'elle est vraiment la *représentation* de mon idéal.

Tous ces désirs — désir d'aimer — désir de savoir — désirs — ils m'étouffent.

Ah ! rouler dans une étreinte effrénée jusqu'aux abîmes du non-être,

Un instant,

Un instant de repos : perdre conscience de soi ! Oh ! je ne l'aime pas — mais j'aime, j'aime follement.

Si la foi m'avait été laissée ; mais je n'ai plus cela.

Je voudrais dormir !

Mercredi.

Ah ! cela ne peut durer ainsi — je suis
brisé par cette nuit sans sommeil. — Je
sens que ma volonté n'est pas forte —
et j'ai peur que tout à l'heure...

Mais il faut que cela finisse.

Je voudrais parfois que cela pût con-
tinuer toujours ainsi ; mais je ne m'en
sens pas la force. Seulement je lui par-
lerai très doucement, ce que j'écrivais
l'autre jour est banal et sec. Je lui dirai
les mêmes choses, seulement je les lui
dirai mieux — si par hasard je l'allais
froisser — j'ai si peur !

Je n'avais pas pensé à cela : ce n'est
pas moi qui ai parlé. —

— Marcel, je crois que je sais ce que
vous allez me dire, (elle croyait sans
doute que j'allais lui dire que je l'aimais), ne me le dites pas. Je ne dois
être pour vous qu'une très bonne amie
— ne le voulez-vous pas ?

J'ai été très étonné et aussi comme
soulagé d'un grand poids ; je crois que
je n'aurais pu parler, tant je me sentais
la gorge serrée.

Je l'ai prise dans mes bras — et je
suis resté longtemps la tête sur son
épaule, ses deux mains dans une des
miennes.

— « Ne voulez-vous pas que je sois
votre amie ? »

J'étais effroyablement las — j'ai cherché ses lèvres :

— « Non je ne dois pas — je vous en prie ! »

Je n'ai pas eu la force d'insister — mes nerfs me faisaient si mal qu'il me semblait que j'allais m'évanouir.

Et puis je pensais : « N'est-ce pas mieux ainsi. »

Je me suis levé — et j'ai été feuilleter des livres à l'autre bout de la pièce :

Puis tout à coup, sans raisonner, je suis revenu, je lui ai pris les mains :

« Vous avez raison — soyez ma petite amie — cela vaut mieux ».

Elle souriait très doucement — peut-être un peu fière d'avoir si aisément triomphé de moi ; mais j'avais la joie au cœur, je me sentais tout d'un coup merveilleusement reposé.

Les choses semblaient joyeuses.

Je ne croyais pas qu'elle eût été si parfaite — si pleine de tact — de réserve et cependant sans raideur — elle m'a laissé de la fraîcheur au cœur au lieu de l'amertume que je craignais.

Ah ! fasse le ciel qu'elle ait dit vrai ! — qu'elle soit vraiment, pour longtemps, ma chère petite amie très aimée — Je me sens moins seul.

Mais las ! elle aura dit cela peut-être pour se débarrasser de moi.

Peut-être maintenant se moque-t-elle de moi — Oh je ne veux pas le croire. Je voudrais lui prouver combien je lui ai de reconnaissance de s'être montrée si souriante et si pitoyable.

Il écrivait :

§.

    « *Toi — douce aux mains pures !* »

Tu es venue un soir parmi mes songeries
apporter la douceur de tes regards pro-
        fonds,
et depuis, dans mes abandons
désespérés
mes rêves fatigués
viennent toujours s'agenouiller
lassés
de porter des pensées chargées de
        pierreries.
devant ton souvenir pâli
paré de mes mélancolies.

Toi — douce aux mains pures,
Toi — chère aux cheveux lourds !

Toi-chère aux cheveux lourds !

Le vent léger faisait vivre ta chevelure
ce soir où j'ai compris que je t'allais aimer
Tes cheveux d'or t'enveloppaient
vermeille
d'une auréole d'irréel
et je t'ai vue si belle
que j'ai prié
pour conserver toujours cette émotion si
                    pure
au milieu des douleurs futures
malgré les douleurs futures

Toi — chère aux cheveux lourds,
Toi — frêle aux yeux clairs !

Toi — frêle aux yeux clairs !

Et j'ai tressé alors mes désirs en couronnes
que mes regards tendaient suppliants
            vers tes yeux
avec des gestes lents et pieux
qui frôlent
(gestes des saules
dans les pâles aubes)
Sur ton épaule
Je veux pencher mon front - murmu-
            rant des paroles
où toutes mes fièvres frissonnent
et tes sourires me feront l'aumône.

Toi — frêle aux yeux clairs !

Jeudi. — Presque rien n'est changé entre nous. Seulement cela est plus calme et plus doux.

Toute cette matinée je lui ai lu : des Poëmes en Prose ; sa main était dans la mienne, elle n'a pas essayé de la retirer.

Puis au piano nous avons lu tout le premier acte de *la Valkyrie* — les sanglots d'amour de l'accompagnement !

Si j'avais ici *Tristan et Yseult* !

Seulement je souffre un peu parce que je sens qu'à ces émotions elle ne vibre pas autant que moi.

Nous n'étions pas seuls tandis que je lisais les poëmes, mais j'ai mis dans ma voix des inflexions pour elle, je voudrais savoir si elle l'a compris ?

Si j'avais eu une sœur, comme je l'aurais aimée !

Une sœur ! peut-être est-ce cela qu'elle voudrait être pour moi, mais cela est impossible parce que nous n'avons pas assez de souvenirs communs.

Quand nous causons — nous causons art, musique — mais nous avons trop peu de pensées communes — elle doit sentir qu'au travers de ces choses je parle d'elle — d'elle seule, et c'est cela qu'il ne faudrait pas.

J'aurais aimé une sœur un peu plus jeune que moi.

Je l'ai souvent rêvée avec une extraordinaire intensité : j'étais assis devant ma table, au milieu de mes livres et de mes papiers, et je lui disais mes peines avec un sourire un peu triste, parce que je me rendais très bien compte que mes

chagrins étaient à la fois très compli-
qués et très naïfs ;

Et elle, debout près de moi, sérieuse,
un pli d'attention au front, m'écoutait
en lissant d'un geste familier les ban-
deaux qui encadraient sa douce petite
figure pâle.

Pauvre chère petite sœur que je n'ai
jamais connue.

Le soir venant, tu te serais assise au
piano et tu aurais murmuré quelque
mélancolique mélodie pour le jour qui
allait mourir —

et le soir, quand j'aurais levé les yeux,
je t'aurais vue près de moi, brodant ou
lisant, et t'arrêtant parfois pour lisser
tes cheveux de ce geste que j'ai vu —
oh je l'ai vu — t'arrêtant parfois pour
me regarder de ton regard aimant.

Pauvre chère petite sœur que je n'ai

jamais connue.

Ta douce figure pâle m'apparaît quelquefois si nette, souriante parmi ces rêveries qui m'obsèdent de tristesse.

Chère petite sœur.

On prétend que les oreilles tintent — elles ont dû lui tinter pendant le dîner.

N... n'a pas cessé :

« Elle n'est pas jolie — un vilain cou — elle a l'air d'une poupée en bois — de jolis cheveux, mais son teint ne durera pas — et puis elle est mal élevée. »

Il paraîtrait que *ON* a dit : « Je trouve qu'elle et Marcel sont bien libres ensemble. » Et tout cela était dit avec une si limpide intention de m'amener à

parler, à prendre quelque peu sa dé-
fense, que c'était comique. Je n'ai pas
sourcillé naturellement, et cependant,
pour être franc, tout cela m'a fait de la
peine.

Il y a forcément du vrai dans les mé-
chancetés dites de quelqu'un, et j'aime
que mes affections soient respectées au
moins par les autres.

Je me suis promené tristement dans
les rues en essayant de me persuader :
qu'elle est très jolie — et que si elle est
mal élevée c'est somme toute tant mieux
pour moi, que je serais bien sot de me
laisser méchamment gâter un peu de
bonheur.

On n'en a pas tous les jours, du
bonheur !

Le soir je suis resté un peu avec
elle sur le balcon, sa petite main

dans la mienne, sa voix douce dans le silence, et *cela* vaut tous les raisonne-ments.

« *La nuit s'allume en étoiles une à une* »
Je pensais :

« Nous ne nous aimons pas, mais serait-ce très différent si nous nous aimions ? »

Note ultérieure : Les pages suivantes
sont conservées pour que soit laissée à
ces notes leur intégrité.

Mais elles sont très exagérées.

J'étais alors dans un tel état de nerfs
que je devais immanquablement agir
ainsi :

Il fallait une détente.

Cela est si vrai, que cette crise, qui
écrite semble violente, s'est en réalité si
bien passée entre Je et Moi qu'Elle n'a
dû s'apercevoir de rien.

Samedi

C'est fini, je suis guéri.

Oh complètement — quelques jours de
repos et je serai prêt à une autre
expérience.

Il ne me reste aucune amertume au
cœur, seulement un peu de tristesse de

voir un beau rêve s'évanouir, de cons-
tater une fois de plus qu'elles sont toutes
pareilles, futiles, vicieuses, « tout en
façade », et que derrière il n'y a rien ---
rien, le néant et souvent le laid.

Ah ! nous ne sommes plus au temps
de l'obscurantisme. .   .   .   .   .   .

Ici viennent plusieurs pages d'ironie un
peu âpre sur la jeune fille actuelle. — J'ai
cru bon de les passer, non qu'elles man-
quassent d'intérêt, mais parce que ceux qui
le désireront pourront les retrouver presque
textuelles dans la *Critique des Mœurs* de
Paul Adam, p. 75 et suivantes.

(Note de A.).

.   .   .   .   ;

Si nous venions un peu au fait :

— Nous lisions, j'ai dit :

« J'aime lire auprès de vous — il me
semble que nos regards se mêlent sur les

mots, c'est une caresse très subtile qui me charme. »

Ce n'était pas très fort si vous voulez, ni très neuf, mais enfin —

— « Ah non, vous savez, pas de flirt sentimental... j'aime bien l'autre. »

J'ai compris tout de suite que pendant ces huit derniers jours il y avait eu malentendu.

J'étais vexé.

Comment, tandis que je croyais... et les serrements de mains et... moi qui prenais des précautions pour.....

Ah ! j'étais vexé.

Et j'avais en même temps très envie de rire. Je la regardais, elle souriait un peu gauchement, comme si elle avait conscience d'avoir dit une sottise.
Je suis sorti — Je pensais :

« Tu avais bien commencé cependant,

mais tu t'es laissé emballer, tu as cessé
de *faire attention* : « ah, aimons comme
tout le monde — ne nous desséchons
pas le cœur — nous devenons incapables
d'émotions vraies, etc. »

Ah, mon pauvre ami, cela t'a bien
réussi le sentimentalisme ! »

Mais je pensais aussi :

« Après tout, beaucoup se contente-
raient de cela. Je suis injuste. Nous pré-
tendons être des dilettantes : pourquoi
les femmes n'y goûteraient-elles pas à
ce fameux dilettantisme. Leur flirt, c'est
le dilettantisme en amour. Elles se gar-
garisent avec des sensations comme nous
avec des idées. »

J'étais néanmoins si vexé, qu'en ren-
trant je voulais jeter toutes ces notes
au feu.

Note rajoutée huit jours plus tard. —
Peut-être cet incident aura-t-il eu pour
effet d'empêcher cette aventure de tomber dans un sentimentalisme exagéré.
Pourquoi me plaindre : Si elle me répétait
toutes les cinq minutes : « Tu m'aimes,
dis », et si nous mettions Musset en dia-
logues, il est probable que je ne pourrais
pas la supporter deux jours.

Alors ?

Mais tandis que j'écrivais cela je n'en
continuais pas moins à affirmer les impressions anciennes et à en chercher de
nouvelles.

Pourquoi cette contradiction ?

Impossible de me rappeler comment
je pensais alors.

Dimanche

Je m'enferme toute la journée dans ma chambre pour écrire — rêver — lire dans une demi-obscurité fraîche.

« *Philosopher sur soi soulage — comme de vomir.* »

Je crois que ce qui m'a gâté l'amour jusqu'à présent, c'est que toujours entre moi et la réalité je vois se dresser une idée faite d'avance. Je m'attends à *sentir* d'une certaine façon : et puis — non ce n'est pas cela.

Je menais depuis un mois une existence calme et douce — de travail, de lecture, de rêverie. Un jour, parmi ces

rêveries, est passée cette idée que cette
façon de vivre serait plus douce si nous
étions deux à nous passionner.

J'ai souffert de ma solitude sentimentale, et peu à peu mes rêveries ont
pris un autre cours.

« J'ai rêvé :

Ah ce serait apaisant, consolant, de
sentir parfois la fraîcheur d'une main
caressante — quand ma tête est lourde
il me serait doux de la poser sur ton
épaule — ô chère ! — d'entendre quelquefois ta voix douce me chanter les
chères mélodies que j'aime — ô chère ! »

Cette rêverie devait provenir de causes
simplement physiologiques, elle ne fit
que s'affirmer de plus en plus en moi,
se précisant, et — comme elle atteignait
son maximum d'intensité :

Je la rencontrai —

Peu à peu je remarquai que le rythme, l'harmonie de ses formes seraient idoines à m'inciter en des méditations esthétiques qu'elles illustreraient, et sans méfiance j'entrai dans une nouvelle voie.

Avais-je donc oublié toutes les conclusions des expériences précédentes ?

Quand je m'aperçus du danger il était trop tard.

J'essayai quelque temps de me tromper moi-même — cela devint bientôt impossible.

Je m'abandonnai encore quelques jours à la joie de ces sensations.

(Vous devinez, n'est-ce pas que les sensations se variaient peu à peu et qu'ils n'en étaient plus à la poignée de main du premier jour — Oh non, ils n'en étaient plus à la poignée de main du premier jour)

Je m'abandonnai donc un peu à la joie de ces *sensations* que je m'obstinais encore à qualifier de *sentiments*.

Je me ressaisis bientôt — somme toute ce n'était qu'une expérience, et de médiocre intérêt.

J'en avais assez, et je me proposai d'y couper court par une explication.

Cette explication, mal conduite, me ramena à la période sentimentale, mais aggravée.

Pendant quelques jours je parai l'OBJET de toutes les perfections — me battant les flancs pour me persuader que j'aimais — Je ne m'aveuglais pas trop cependant, car un mot malheureux d'elle produisit un effet si disproportionné à celui qu'il aurait dû produire qu'il en faut évidemment conclure que je ne cherchais qu'une occasion de me détendre les nerfs.

Comme sa beauté me plaît fort je me réserve de ne pas arrêter là la série des *sensations* — seulement je n'essayerai plus hypocritement de m'abuser sur la valeur de ce mot.

Et l'objet? me direz-vous?

Pour elle je ne voudrais rien affirmer, mais il me semble que je peux résumer par cette phrase dite par elle :

— « Ah non, pas de flirt sentimental… j'aime bien l'autre. »

Elle aime le flirt, cette enfant, l'*autre* flirt, faut-il l'en blâmer.

Cela revient à dire que, cherchant des *sensations* (elle n'a pas je crois cette hypocrisie de chercher à se persuader que ce sont des sentiments), elle s'est servie de moi parce qu'elle m'avait sous la main.

Nous ne nous sommes pas compris un seul instant — c'est dommage.

Je ne lui en veux pas ; d'ailleurs elle a agi selon sa nature, qui est d'être jolie et insignifiante.

J'aurais certainement pu y trouver plus de plaisir si je n'avais pas expérimenté avec une idée préconçue que j'ai été désappointé de ne pas voir réalisée.

J'y ai cependant trouvé assez de charme pour lui en être très reconnaissant.

J'ai cru un moment que je la méprisais ; mais, toutes réflexions faites, je ne la méprise pas, car alors il me faudrait sans doute me mépriser moi-même.

Nous avons chanté le même air — seulement *dans des tons différents*.

Il n'y a rien à faire à tout cela.

Pourquoi exiger d'elles ce que nous
ne leur offrons pas en échange : de la
sincérité.

Nous serions très infâmes si nous n'é-
tions pas si niais.

Ah, niais !

Car en amour le vrai but est d'avoir
le plus d'émotion possible — certes analyser les émotions augmente leur intensité; mais nous nous paralysons le cœur
à force de lucidité.

Sitôt que je commence à aimer je n'ai
de cesse avant d'avoir si bien retourné
les sentiments de l'amie et les miens que
tout amour soit devenu impossible.

Cependant j'ai à peine vingt ans, je
devrais écrire :

« Oh femme divine ! — âme sœur ! —
printemps — voix des oiseaux ! »

TOLSTOÏ :

« Aimer — c'est préférer autrui à soi-même »

Mon ami J... me semble traverser une crise un peu analogue à la mienne en beaucoup plus exalté.

Il m'écrit une lettre désespérée et termine :

« Il n'y a sans doute que la débauche de vraie, parce que c'est elle qui laisse le moins de rancœur. »

Il paraîtrait que la vie n'est pas gaie pour tout le monde.

Il écrit :

« Le charme des sens, de l'ivresse bestiale quand la pensée ne vient plus s'en mêler. »

Je n'en suis pas là — y viendrai-je ?

Peut-être un jour, par excès d'énervement. Ah, quand j'écris, j'essaye vis-à-vis de moi de sembler calme, indifférent.

Mais quel découragement — non pas de *cela*, mais de tout.

Je me suis emballé pour une phrase,
suis-je sûr de l'avoir bien comprise? et
cette phrase, après tout, ne méritait pas
tant d'honneur.

J'ai instinctivement profité d'une occasion de me détendre les nerfs dans un
moment d'excessif énervement.

Car ce matin elle m'a dit : « Prenez
garde, je vais encore avoir un savon de
ma belle-sœur. »

Cela m'a déplu — oh prodigieusement
— et j'ai souri.

Peut-être cette crise aura-t-elle eu pour
effet de remettre les choses au point : je
m'emballais — j'ai rencontré un caillou
— je vais plus lentement maintenant,
trop lentement peut-être, et surtout je ne
cours plus le risque de prendre cela au
sérieux.

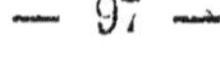

Seulement je veux *m'amuser* aussi :
le flirt sentimental, vous savez — n'en
faut plus.

Il écrivait :

Fragments d'un chœur.

. . . .

LE CHŒUR.

O les sourires d'argent !

PREMIER DEMI-CHŒUR.

Je me souviens des mains épandant des
*   caresses*
de celles qui me furent amies
de celles qui ont reposé mes lassitudes
qui m'ont montré le rêve de marcher
*   deux dans la vie*
qui m'ont montré que la tristesse

c'est la solitude

et qu'il faut être deux pour que l'autre

sourie.

SECOND DEMI-CHOEUR.

J'ai aimé les douleurs sanglotant sur

les lèvres tièdes

Quand les sourires languides découvrent

les dents pâles

les sourires fatigués, plus doux que le

sommeil

et plus pâles

les sourires graves

fleurs de bonté

des âmes que la vie a blessées

LE CHOEUR.

J'ai aimé les sourires sanglotés par les

âmes

PREMIER DEMI-CHOEUR.

Elles ont pleuré sur mon épaule — elles

m'ont aimé peut-être

Moi j'aimais leurs sourires sans les re-
garder elles
Je sais qu'elles étaient pâles — je sais
qu'elles étaient belles
mais peut-être
aux froids miroirs de ma mémoire
je ne saurais plus les revoir

SECOND DEMI-CHOEUR.

Je sais que j'ai doucement avec des lèvres
lentes
cueilli les fleurs meurtries de leurs
chairs aimantes
— Oh la joie des paupières fermées sous
les baisers
Je me souviens un peu des parfums de
leurs chevelures
et des sommeils dormis parmi leurs
chevelures
des voix chantant très douces au travers
des lèvres froissées

LE RÉCITANT

Ah laissez moi songer un peu
tous ces souvenirs sont très pâles
Ils m'apparaissent lointains
oubliés par les anciens chemins
et leur parfum maintenant est tout changé
    en larmes
Je m'asseois dans le soir, triste comme
    l'oubli
et je songe
de ces choses qui me semblent lointaines
que les mêmes demain me sembleront
    nouvelles
qui se prolongent
se tenant par la main tout le long de la vie

. . . .

Mercredi.

Pauvre chère — il y a des moments où je regrette vraiment tout ce qu'il peut y avoir de dur pour elle dans ces pages.

Elle a été si charmante — si aimable — et aussi si simple, si chaste sans pruderie. Eh mon Dieu la perfection n'est pas de ce monde. — Quand j'ai cherché ses lèvres j'aurais préféré ne pas l'entendre répondre :

— « Oh ! non — je vous en prie — vous allez me trouver ridicule — mais je trouve qu'il y a des choses qu'on ne doit permettre qu'à son mari — ou à son fiancé. »

Dire que j'aime beaucoup cette

éthique étrange où il y a des petits mor-
ceaux que l'on réserve en bon état jusqu'au mariage quitte à les endommager
après, ce serait m'engager beaucoup.

Non — je préfère une morale plus
franche.

Mais elle n'est pas très responsable —
celte morale convient assez au siècle, et
à l'éducation qu'elle a reçue. — Elle est
assez raisonnable et peut-être assez pra-
tique.

Puis elle a dit cela très gentiment
— très simplement — elle était vraiment troublée je crois. Il y a eu un
instant. — Ah ! un instant seulement —
une impression plus profonde que celle
d'un banal flirt.

Il serait bon d'aimer bêtement, naï-
vement, mais nous ne le pouvons
plus.

Oui, elle a été charmante. — Elle m'a
laissé demeurer longtemps en cette pose
qui m'est plus chère que toute : la tête
appuyée sur son épaule, respirant le
parfum de son corps frais et jeune.

Je ne puis m'empêcher de penser que
ce ne devait peut-être pas l'amuser
follement.

— Pauvre chère !

Elle a lu des proses de moi — trai-
nant sur cette table où j'écris, et elle a
eu la naïveté ou l'attention de les trouver belles et de me demander à en
emporter une.

Cela m'a fait plaisir, bien que je ne
m'illusionne guère.

Oui je regrette toutes les mauvaises
pages écrites sur elle — et cependant
j'étais sincère en les écrivant.

J'ai demandé trop — j'ai souhaité

trop, et déçu de ne pas trouver ce que
je demandais — ce que je souhaitais,
je n'ai pas vu ce que j'avais.

Je n'en ai pas vu le charme — pourrait-
il en être autrement avec les influences
par elle subies. Je trouve au contraire
aujourd'hui qu'il est étonnant qu'elle
soit restée si vraie et — oh ne pas trouver le mot juste — si sereine.

Jeudi

Que pourrai-je bien penser si je re-
trouve ces pages plus tard — quand
j'aurai oublié ?

Que pourrai-je conclure de ce fouillis
d'émotions contradictoires ?

Ces impressions toujours exagérées
— ou mieux intensifiées soit dans un
sens soit dans l'autre.

Il est presque impossible d'écrire une
impression avec son intensité vraie —
et si on l'écrivait, on la trouverait sur
le moment terne et peu précise.

Et puis — sur le moment — le style
ne se plie pas aux émotions qu'il doit
exprimer.

(à faire) :

J'ai souvent rêvé ce rêve :

Je voudrais, contemplant l'aimée, voir
en elle le symbole de l'Etre — je voudrais que sa Beauté me manifeste la
Beauté métaphysique du Dieu-Monde.

Tenter de concevoir l'absolu en spé-
cialisant ses attributs symbolisés par
des impressions d'elle.

Trouver des révélations flamboyantes
aux mystères des analogies.

Il écrivait :

. . . .

« — Ce soir là seulement — pourquoi,
oh pourquoi — ce soir là seulement je
vous ai vue.

Je vous regardais — ah très pieusement — je cherchais à vous regarder en
évitant vos regards, qui ce soir là, si je
les rencontrais, faisaient crier follement
tout mon sang dans mes veines.

Je vous regardais si timidement.

et vous avez été très pitoyable — et
très bonne pour moi.

Sans doute vous pensiez :

« Oh le pauvre ami — ce soir seulement il semble s'apercevoir de moi. »

Sans doute vous pensiez :

« Oh le pauvre ami — je veux que ce
soir il puisse me contempler à son aise
— il est resté bien longtemps sans savoir la joie de me contempler, je veux
être très jolie pour embaumer ses
désirs. »

Et souriante vous avez détourné vos
chers yeux troublants, pour que je
puisse éperdûment contempler votre
beauté ;

de cette pensée vous étiez devenue
plus jolie encore — et mon cœur s'est
entr'ouvert à cette permission donnée :

éperdûment, — éperdûment je con-
templais votre beauté

et ces mots chantaient derrière mes tempes :

« pour moi — pour moi

elle est jolie — elle est jolie pour moi ! »

Oh mon amour si craintif — si timide encore — ce sentiment de crainte que j'éprouvais alors près de vous. =
Je sais des vases très beaux, impeccables en leur splendeur figée, devant lesquels je sens un peu ce même senti-ment de respect peureux.

Il me semble qu'ils deviendraient moins beaux d'avoir été touchés par moi — et je retiens mon haleine tandis que mes rêves volent autour.

Mais pour eux d'être si beaux, comme pour vous d'être si belle, j'ai la même immense reconnaissance.

Peu à peu ils m'ont fait moins peur,
vos chers merveilleux regards.

J'ai osé — oh si craintivement d'a-
bord me pencher sur leur mystère.

Nos yeux se rencontraient rarement
— car pendant ces premiers jours ils
ne se cherchaient pas — c'était entre
nous comme une convention tacite de
détourner nos regards.

Mais au moment où je sentais qu'il
me serait impossible de demeurer un
instant de plus sans vous regarder ; si
alors vos yeux étaient fixés sur moi
c'était avant que vous ne les écartiez un
éclair d'âme.

Quelquefois vos yeux s'éloignaient
lentement — vos paupières baissées peu
à peu.

Et alors, j'ai été longtemps sans oser
— il me semblait que j'étais vu par
cette ombre que vos cils faisaient sur
votre joue.

Vous sembliez alors si pure — votre
petite tête aux yeux clos appuyée contre
le haut dossier de ces cathèdres que
vous aimez.

et je vous voyais pâlir au battement
de mes paupières.

Ces contemplations c'est ce qu'il y a
eu de plus pur dans notre amour.

Ah !

est-ce que je vous aimais déjà ?

Je me souviens très bien qu'en ces
moments il me venait aux lèvres, pour
exprimer ces émotions, les frêles merveilleuses métaphores des mystiques :

 « *Causa nostræ lætitiæ*
 Stella matutina »

Saviez-vous, tandis que vous demeu-
riez si belle sous mon admiration

que mon âme chantait ainsi des Li-
tanies de vous ?

Oh ces joies mystérieuses, ineffables,
elles étaient faites de si peu de choses
que je m'étonnais souvent de leur sur-
humaine intensité.

Vous m'avez dit une fois — plus tard :

« Sans doute c'étaient alors nos âmes
qui s'étreignaient passionnément[1] —
mais nous ne sommes pas très sûis de
cela, nos âmes ne nous ont rien dit de
ces inouïes voluptés — nous avons seulement deviné un peu — très peu. »

Et vous aviez raison peut-être
car si plus tard j'ai ressenti par vous

[1] « Les âmes mieux que les corps..... »
G. Flaubert.

des émotions plus intenses — plus ab-
solues, plus sereines.

Plus jamais elles n'ont eu.

hélas ! plus jamais elles n'auront

ce cher subtil parfum de mysticité vo-
luptueuse qui les faisait sembler le re-
flet mystérieux de quelque splendeur in-
connue.

Ces heures où je me sentais si timide
devant l'ombre de vos cils tremblant
sur votre joue.

Plus tard — ah que de fois je me suis
enivré de vos regards.

Et souvent — souvent nous sommes
demeurés les yeux dans les yeux.

Les yeux ouverts — grands ouverts —
si ouverts qu'il me semblait que nous

ne les fermerions plus jamais.

Vos yeux !

Je les ai vus immenses — terrifiants
— infinis, espaces d'un bleu très noir
où couraient les brumes de vos pensées
— et fiévreusement je me suis penché
sur leur mystère :

Je pensais :

« Oh certainement, certainement elle
est là derrière ces brumes pâles qui
voltigent — certainement elle est là —
au fond dans ces chers abîmes éblouissants — elle est là dans sa splendeur —
elle est là, et certainement je vais la
voir sitôt que ces brumes se seront
écartées un peu — elle est là, je vais la
voir.

Son âme — son âme — son âme ! »

Mais les brumes pâles de vos pensées

— de vos niaises, de vos insignifiantes
pensées n'ont pas cessé de me cacher
les trésors que je devine — oh je les
devine — tout au fond de ce bleu
infini.

Elles passent toutes pâles, toutes sem-
blables, niaises, insignifiantes.

Je regarde — je regarde et je crie
désespérément :

« Oh votre âme — votre âme

je veux voir votre âme

votre âme que me cachent vos
pensées ! »

Peut-être avons-nous été alors — ô
mon amie, plus près que jamais nous ne
fûmes

mais nous ne le savions pas.

Avant de glaner des souvenirs le long
de ce sentier étrange où nous avons
marché tous les deux.

Je veux que nous nous agenouillions
un peu là où nous avons cueilli cette
pâle fleurette d'au-delà =

les heures où je me sentais si timide
devant l'ombre de vos cils tremblant
sur votre joue.. ...

Nous nous prîmes par la main pour
traverser le verger des caresses.

. . . .

. . . .

. . . .

Dimanche.

Je lui ai demandé la permission de lui écrire — elle m'a promis de me répondre.

Seulement j'ai peur que cette correspondance ne soit très insignifiante.

Je pars mardi.

Je ne partirai que jeudi.

C'est curieux, j'ai eu comme une déception.

Étrange ! Je devrais être ravi de passer encore quelques jours près d'elle, j'en suis plutôt mécontent.

Aussi bien, au point où les choses sont venues, que je parte aujourd'hui ou dans un mois cela ne changera pas grand chose — l'état d'équilibre est atteint.

Il y a eu des oscillations à se demander comment il n'a pas été rompu ce fameux état d'équilibre ;

Mais maintenant ces crises sont finies.

Oh je mènerais volontiers pendant longtemps encore cette vie douce de caresses délicates,
mais je me rends compte que pour moi il vaut mieux que cela ne soit pas — je ne pourrais que m'y énerver et m'y amoindrir.

Ces étreintes — ces baisers — pourquoi vient-il toujours un moment où je détourne mes lèvres involontairement presque, parce que j'ai pensé :

« Ah tout ceci n'est qu'un jeu — ce n'est pas *pour de bon.* »

Et je me sens un peu dégoûté d'elle et de moi.

Chaque fois — chaque fois je me dis : « Oh ce baiser, celui-ci, je ne le cesserai que si hors d'haleine que mon cœur battra à m'étouffer — Je veux »

et chaque fois la même pensée me fait détourner mes lèvres.

Je la regarde alors — sa bouche humide aux lignes pures si subtiles — ce geste adorable de tout son corps jeune abandonné aux coussins de soie des grandes cathèdres.

Je suis très triste alors :

Si elle est ainsi — si je suis ainsi — est-
ce notre faute à tous deux ? pourquoi
ne vivons-nous pas dans un milieu où
l'on puisse aimer vraiment, franchement.

nous nous serions aimés peut-être !
J'ai vu — je devais être très jeune
alors
J'ai vu quelque part une statue dont le
souvenir me revient :

« Eros — le cher Eros aux formes
frêles et saintes d'androgyne divin est
couché haletant sur la grêve qu'il
étreint de ses mains crispées—l'écrasant,
froissant ses ailes, un lourd sac à demi
éventré d'où tombent des pièces d'or. »

J'étais très enfant ; mais je m'étais
senti tout triste devant le geste navré de
ces mains crispées — aujourd'hui je
pense :

« Eros a mordu la grève — et maintenant tous les baisers ont un goût de
terre — Peut-être est-il tombé parce
qu'il avait arraché une à une les plumes
de ses ailes :

pour s'amuser. »

Lundi

Oh je sanglote — pourquoi — pourquoi ! Ces crises nerveuses de larmes
me désespèrent. Je sens si bien alors
combien je suis faible et petit — moi
qui ai quelquefois cet orgueil de me
croire fort.

Ah je ne puis rien supporter — rien
— mes nerfs me font mal horriblement,
il me semble que je me crispe tout
entier !

Personne ne me comprendra —
jamais personne n'aura pitié de moi —
on se jouera de moi — on se moquera
de moi

Toujours.

Je ne veux pas servir de jouet — je
veux me cuirasser contre tout, me des-
sécher jusqu'à devenir invulnérable.

Je veux — et je suis là à sangloter.

Je ne trouverai donc jamais une épaule
où poser ma tête avec confiance.

J'ai eu des cauchemars où je voulais
crier — crier, et je ne pouvais articuler
un son.

Je souffre cela mais tellement plus
intense.

Je voudrais — je voudrais — et je ne
sais même pas bien quel est ce désir qui
me brûle, je ne sais pas.

Et il faut rester calme — et sourire,

et être aimable.

Misère !

Dormir, il y a si longtemps que je ne dors plus ?

Mercredi :

(λευχομενος)

La fraîcheur de ses bras blancs
coolness : le mot le plus parfait d'une
langue qui possède de si nommantes
expressions. Ah ! égrener des gammes
de baisers parmi cette douceur — des
gammes en mineur sans doute. — Les
lèvres montent lentement le long des
frêles lignes bleuâtres des veines ; puis
son bras demi-plié — s'extasier parmi
les délices de cette merveilleuse chair
meurtrie en un long baiser passionné.

Cette fraîcheur sur mes yeux, sur mon
front — sur mon âme.

Ah quelquefois l'Irréel de ces sensations !

Je suis parti ce matin — si j'en suis triste? non.

Si j'étais parti en un moment de crise j'aurais été désolé — désespéré; mais je suis parti en un moment d'équilibre et je lui ai tout simplement dit : « au revoir. »

Tels deux joueurs après une partie de bezigue.

Mais il y a eu des sensations exquises aux étreintes et aux caresses de ces jours derniers !

Ce voyage en chemin de fer !

Madame L... m'a *entrepris*; V... donnait la réplique :

J'ai des défauts, mais j'ai quand je
veux au moins une qualité : l'impassi-
bilité.

— « Je ne voudrais pas qu'elle fût ma
fille. »

— « D'ailleurs elle se fait assez mal
juger. »

— « Si j'avais une fille je ne voudrais
pas qu'elle fût son amie. »

— « Madame B... me disait : Enfin
Marcel est un jeune homme, il a vingt
ans, c'est de son âge ; mais elle devrait
être plus réservée. »

— « Oh elle est beaucoup trop libre. »

Je trouve la morale de Mme B... d'une
élévation contestable.

— « D'ailleurs elle ne sera pas jolie
longtemps, quand elle n'aura plus cette
fraîcheur. »

Ceci est le grand argument depuis

un mois ; mais il porte bien peu, car
enfin cette fraîcheur elle l'a maintenant,
n'est-ce pas? alors.

— « Enfin, reprend V..., nous allons
vous avoir un peu maintenant, nous
servirons de pis aller. —

Au bout de trois quarts d'heure de
cette conversation j'étais un peu agacé.

J'ai disserté pendant une heure sur
la signification la plus large du mot
« Eglise », sur la croyance en un Dieu
Providentiel, sur le Non-Être, sur la
psychologie des Jésuites, et sur le Jan-
sénisme des Oratoriens.

J'ai dû être terriblement ennuyeux,
ce fut ma vengeance.

Je suis curieux de savoir ce qu'ON
dira de cette aventure lorsque nous serons partis.

J'ai demandé à J... de m'en écrire,
il me l'a promis : ce cher J... je l'ai
bien négligé ces quinze derniers jours ;
mais ce ne serait pas la peine d'avoir
des amis s'ils n'étaient pas indulgents
pour vous.

J'aurais bien pu lui faire des confi-
dences; mais je n'ai pas la passion de
ces épanchements. Je lui en ai dit juste
assez pour lui faire comprendre ce que
je voulais qu'il m'écrive.

Il a compris. D'ailleurs ce que je ne
lui ai pas dit il l'a deviné depuis
longtemps.

. . . .

Ce que ces lettres m'amusent !

. . . .

Note. — De ces lettres il n'a été retrouvé que des fragments ; mais il est à supposer que J . y rapportait surtout des conversations entendues — il est donc aisé d'y suppléer avec des souvenirs personnels.

. . . .

« Tu sais, moi j'avais conclu à un flirt voulu, poussé, déduit point par point, et puis j'ai cru parfois que cela versait dans la sentimentalité pure.

La première conclusion m'agaçait un peu, la seconde davantage.

Je croyais que c'était pour toi un embarquement inutile, mais je savais que tu réagirais par la force des habitudes d'analyse. Seulement, quant à moi, je pense que si l'emploi d'un système in-

tensifie certaines jouissances il en sup-
prime tant que.......................
....

Quant à avoir une opinion sur elle je
n'en ai pas. — Je t'aime trop pour ne
pas comprendre très bien qu'elle ait été
tentée par cette intimité avec toi.

Tu n'as pas, je pense, la naïveté de
croire qu'elle se soit emballée.

Je n'aime pas beaucoup ce jeu d'a-
mour où l'on en prend juste assez pour
se donner des émotions, en conservant
l'idée fixe d'un mariage inconnu auquel
il faut réserver un peu de soi — si peu
que cela soit.........................
....
....

— « Mais enfin où veulent-ils en venir ? »

— « Je n'en sais rien ; mais malgré
le plaisir que j'ai d'avoir Marcel à

Cannes je voudrais bien le voir parti.

Car enfin on ne sait pas ce qui peut arriver ! »

— « à jouer ainsi avec le feu[1] !

[1] Ces quelques répliques ont été mises pour donner le ton de la série de conversations rapportées dans ces lettres — Mais ces conversations offraient trop peu d'intérêt pour mériter d'être conservées.

. . . .

Sans date

Ah décidément je veux lui écrire.

Mais cette lettre je ne peux pas en sortir.

J'écris des pages froides et ennuyeuses, ou si violentes que je n'ose les envoyer.

« Je vous écris puisque vous me l'avez permis.

Je me suis décidé parce que vous m'avez promis de me répondre, parce que j'ai songé à la joie que j'aurais quand votre chère écriture viendrait me prouver qu'un instant vous aviez pensé à moi.

— 137 —

J'ai hésité très longtemps parce que je ne savais *comment* vous écrire.

Je sais très bien que jamais mes lettres ne seront ce que je voudrais qu'elles soient : Mais si les vôtres devaient être ce que je les souhaite,

Si j'allais y retrouver ma petite amie très chère — quel ravissement ?

Ah je suis très égoiste — je sais bien que dans tout cela la joie ne pourrait être que pour moi —

Je vous demande l'aumône de cette joie — me l'accorderez-vous ?

petite amie !

Quand je m'asseois pour vous écrire, je vous assure que dans mes doigts frétillent des choses charmantes,

Puis quand il faut les écrire, ces « paroles ailées » je n'ose :

— Si j'allais lui déplaire — si elle

allait se fâcher — elle trouvera cela pré-
tentieux — Je dois l'ennuyer affreuse-
ment !

J'ai l'encre timide, c'est un bien vilain
défaut.

Vous devinez bien un peu, n'est-ce
pas, toutes ces jolies choses que je ne
dis pas ?

Osez dire que vous ne les devinez pas
un peu — Alors encouragez moi !

Vous êtes terrible : vous « n'aimez
pas le flirt sentimental, » — ce n'est pas
moi qui l'ai dit.

Je suis un peu comme vous — Je n'ai
pas la passion des guitares ; mais il est
si facile d'en jouer — pas besoin de savoir, il n'y a qu'à gratter : « amour !
toujours ! printemps !..... »

Puis on recommence — c'est si com-
mode ! »

Ah je vais lui parler de ses mains.

Je ferai avec des mots aimés des phrases légères et douces comme des baisers, et lentement je les promènerai sur les chères petites merveilleuses.

Mes phrases, ces chers baisers d'or, elles seront fatiguées sans doute d'avoir admiré tant de choses. — Je les mènerai se reposer aux tiédeurs de ses paumes —je saurai trouver des rythmes merveilleux. Puis...

... Non décidément je ne lui écrirai
pas.

NOTE

*Vous jugez peut-être — Madame — que
mon ami Marcel n'est guère « sympa-
thique », que sa petite amie « ne vaut
pas cher. »*

Hélas !

*Et que j'aurais dû davantage discer-
ner les responsabilités — fixer peut-
être quelques règles pratiques de morale.
J'ai pensé qu'il était préférable de vous
laisser conclure vous-même.*

*N'avez-vous pas très bien compris
comment — pourquoi ces choses sont
lamentablement tristes ?*

ACHEVÉ D'IMPRIMER

LE 25 FÉVRIER 1894

SUR LES PRESSES DE

Vᵛᵉ LAFOLYE ET FILS A VANNES

pour le compte de la

LIBRAIRIE DE L'ART INDÉPENDANT

11, RUE DE LA CHAUSSÉE D'ANTIN, 11

PARIS

www.ingramcontent.com/pod-product-compliance
Lightning Source LLC
LaVergne TN
LVHW050759200726
843507LV00001B/148